Dysgu gyda Sali Mali
Swyddi

Casia Wiliam Jacob Fell

atebol

Cynnwys

Caffi Sali Mali .... 4 - 5

Deintydd .... 6 - 7

Pêl-droediwr .... 8 - 9

Siop Trin Gwallt .... 10 - 11

Postmon .... 12 - 13

Arlunydd .... 14 - 15

Ffermwr .... 16 - 17

Milfeddyg .... 18 - 19

Llyfrgellydd .... 20 - 21

Hwyl Fawr .... 22 - 23

Gweithio mewn caffi mae Sali Mali, wrth gwrs!

"Ww, ga i ddarn os gwelwch yn dda?"

"Fy hoff beth i am weithio mewn caffi yw pobi'r cacennau."

"Wyt ti'n hoffi mynd i'r caffi?"

Mae deintydd yn edrych ar ddannedd pawb, er mwyn gwneud yn siŵr eu bod yn lân ac yn iach.

Pryd wyt ti'n brwsio dy ddannedd?

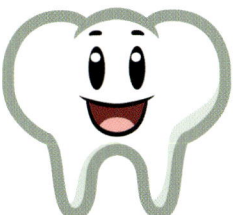

Sawl dant sydd gen ti? Fedri di eu cyfri?

Gwaith y postmon yw casglu parseli a llythyrau, ac yna eu hanfon at bawb.

Doctor ar gyfer anifeiliaid yw milfeddyg. Mae'n rhoi moddion neu driniaeth i anifeiliaid sy'n sâl.

Mae'n helpu pobl i ddewis llyfrau, ac yn eu helpu nhw i ddefnyddio'r cyfrifiadur hefyd.

A dyna ni wedi dysgu am lawer o swyddi diddorol. Mae Sali Mali, Jac y Jwc ac Ahmed yn amlwg wedi mwynhau – gobeithio dy fod di hefyd.

Bydda'n graffwr gwych!

Edrycha'n ofalus ar y lluniau yn y llyfr.

Elli di ddod o hyd i bob un o'r rhain?

Cyhoeddwyd gyntaf yng Nghymru yn 2023 gan Atebol Cyfyngedig,
Adeiladau'r Fagwyr, Llanfihangel Genau'r Glyn, Aberystwyth, Ceredigion SA24 5AQ

Ysgrifennwyd gan Casia Wiliam
Darluniwyd gan Jacob Fell
Hawlfraint y cyhoeddiad © Atebol Cyf. 2023

Anfoner pob ymholiad hawlfraint at Atebol

Cedwir pob hawl. Ni chaniateir atgynhyrchu unrhyw ran o'r cyhoeddiad hwn na'i drosglwyddo mewn unrhyw ffurf neu drwy unrhyw fodd, electronig neu fecanyddol, gan gynnwys llungopïo, recordio neu drwy gyfrwng unrhyw system storio ac adfer, heb ganiatâd ysgrifenedig y cyhoeddwr.

Dyluniwyd gan Dylunio GraffEG
Golygwyd gan Adran Olygyddol Cyngor Llyfrau Cymru

atebol.com

ISBN 978-1-80106-341-8

Dymuna'r cyhoeddwr gydnabod cymorth ariannol Cyngor Llyfrau Cymru